Birgitt Ballhausen-Scharf / Hans Georg Lehle /
Christoph F. Müller / Dietrich Winzer

Gruppenanalyse mit Kindern und Jugendlichen

Ein Leitfaden zur Kompetenzentwicklung

Herausgegeben von der Arbeitsgemeinschaft
Gruppenanalyse mit Kindern und Jugendlichen e. V.

Vandenhoeck & Ruprecht

Bibliografische Information der Deutschen Nationalbibliothek:
Die Deutsche Nationalbibliothek verzeichnet diese Publikation in der
Deutschen Nationalbibliografie; detaillierte bibliografische Daten sind
im Internet über https://dnb.de abrufbar.

© 2021 Vandenhoeck & Ruprecht, Theaterstraße 13, D-37073 Göttingen,
ein Imprint der Brill-Gruppe
(Koninklijke Brill NV, Leiden, Niederlande; Brill USA Inc., Boston MA, USA;
Brill Asia Pte Ltd, Singapore; Brill Deutschland GmbH, Paderborn, Deutschland;
Brill Österreich GmbH, Wien, Österreich)
Koninklijke Brill NV umfasst die Imprints Brill, Brill Nijhoff, Brill Hotei,
Brill Schöningh, Brill Fink, Brill mentis, Vandenhoeck & Ruprecht, Böhlau,
Verlag Antike und V&R unipress.
Alle Rechte vorbehalten. Das Werk und seine Teile sind urheberrechtlich
geschützt. Jede Verwertung in anderen als den gesetzlich zugelassenen Fällen
bedarf der vorherigen schriftlichen Einwilligung des Verlages.

Satz: SchwabScantechnik, Göttingen
Druck und Bindung: ⊕ Hubert & Co. BuchPartner, Göttingen
Printed in the EU

Vandenhoeck & Ruprecht Verlage | www.vandenhoeck-ruprecht-verlage.com

ISBN 978-3-525-40787-5

Inhalt

Vorwort zur Neuauflage 7
   Kurze Entwicklungsgeschichte des Curriculums 7
   Änderungen gegenüber der ersten Ausgabe 9
Einführung 10

I Weiterbildung als gruppenanalytischer Prozess

1 Zielgruppen 16
2 Didaktische Hinweise 17

II Kernbereiche gruppenanalytischer Kompetenzentwicklung in der Arbeit mit Kindern und Jugendlichen

1 Professionsspezifische kindergruppenanalytische Selbsterfahrung 20
2 Praxiserfahrung 21
3 Theorie 23
   Entwicklungspsychologie und die Bedeutung biopsychosozialer Kontexte 23
   Psychopathologische Symptome im Kontext der Gruppe 24
   Dynamische Gruppenmatrix 25
4 Gruppenleitung 28
   Paarleitung 28
   Leiten und Intervenieren in Gruppen 30
   Setting und Settinggestaltung 32
      Settingaspekte in der Arbeit mit Kinder- und Jugendlichengruppen 32
      Empfehlungen zu einer altersspezifischen Settinggestaltung 33
      Gruppen mit Kindern bis 1,5 Jahre 33
      Gruppen mit 1,5- bis 3-jährigen Kindern 33

Gruppen mit 3- bis 5-jährigen Kindern 34
Gruppen mit Kindern im schulpflichtigen Alter 34
*Gruppen mit Jugendlichen und jungen Erwachsenen
(16 bis Anfang 20)* 35
Arbeit mit den Bezugspersonen 35
Kindzentrierte Eltern- und Bezugspersonengruppen 35
Indikation und Kontraindikation für gruppenanalytische
Kinder- und Jugendlichengruppen 36
Gruppenanalytische Haltung 37
*Leiten von gemeinsamen Säuglings-/Kleinkind-Bezugspersonen-
Gruppen* 37
Leiten von Kindergruppen im Kindergartenalter 38
*Leiten von Kindergruppen im Grundschulalter und der
Präadoleszenz (ca. 6–12 Jahre)* 40
Leiten von Adoleszentengruppen 41
Leiten von Bezugspersonengruppen 42

5 Supervision 43

III Spezifische Erweiterungen der Gruppenanalyse bei der Arbeit mit Kindern und Jugendlichen

1 Spiel und Spielen 46

2 Die Arbeit mit Eltern und Bezugspersonen in separaten
   Gruppen 49

3 Paarleitung 52
   Vorteile der Paarleitung 52
   Leiten als Paar 53
   Supervision der Paarleitung 54
   Partnerschaftliche Zusammenarbeit 55

Nachwort der ersten Ausgabe *von Gerhard Rudnitzki* 56

Literatur 58

Die Autorinnen und Autoren 63

Vorwort zur Neuauflage

Das »Curriculum für Kinder- und Jugendlichengruppenanalyse«[1] – so der Titel der ersten Ausgabe – war von seinen Autorinnen und Autoren als »work in progress« entwickelt worden. Neue Erfahrungen der Lernenden und Lehrenden in Aus- und Weiterbildungsgruppen sollten in seine stetige Weiterentwicklung einfließen. Seit der ersten Veröffentlichung im Jahr 2014 hat sich ein reger Austausch darüber mit zahlreichen Kolleginnen und Kollegen in Deutschland, der Schweiz und Österreich entwickelt, die in unterschiedlichen Berufsfeldern Erfahrungen mit der gruppenanalytischen Arbeitsweise in ihren Kinder- und Jugendlichengruppen machen. Auf solchem Erfahrungsaustausch, der besonders intensiv bei den jährlichen kasuistischen Workshops für Kinder- und Jugendlichengruppenanalyse mitzuerleben ist, beruht diese Neuauflage.

Kurze Entwicklungsgeschichte des Curriculums[2]

In den gruppenanalytischen Weiterbildungsinstituten gab es Teilnehmende aus pädagogischen und therapeutischen Arbeitsfeldern, die mit Kinder- und Jugendlichengruppen arbeiteten

---

1 Wir verstehen den Begriff »Curriculum« in seinem prozesshaften Sinn und nicht als feststehenden Lehrplan.
2 Ausführlicher siehe Website des Vereins: www.kindergruppenanalyse.de.

und ihre Erfahrungen in gemeinsamen Supervisionsgruppen austauschten.

Eine Gruppenlehranalytikerin und drei Gruppenlehranalytiker des Berliner und des Heidelberger Instituts für Gruppenanalyse, die diese Gruppen supervidierten, entwickelten die Idee, jährliche kasuistische Workshops auf den Weg zu bringen, in denen unter gruppenanalytischer Supervision alle, die mit Kinder- und Jugendlichengruppen arbeiteten, ihre Arbeit vorstellen und ihre Erfahrungen austauschen konnten.

Bereits auf dem ersten Workshop 2005 gab es Anstöße für das Projekt, ein Curriculum für eine eigenständige Weiterbildung in der gruppenanalytischen Arbeit mit Kindern und Jugendlichen zu entwickeln. Um das Potenzial der Gruppenanalyse, wie sie S. H. Foulkes für die therapeutische Arbeit mit Erwachsenen entwickelt hatte, sowohl für die therapeutische als auch die pädagogische Arbeit mit Kinder- und Jugendlichengruppen fruchtbar zu machen, war es erforderlich, sich spezifisch erweiterte Kompetenzen anzueignen.

Diesem Projekt, ein Curriculum für die Kompetenzentwicklung in der gruppenanalytischen Praxis mit Kindern und Jugendlichen zu erarbeiten, widmete sich ab 2006 der »Arbeitskreis zur Förderung der Kinder- und Jugendlichengruppenanalyse«, der 2014 die erste Ausgabe des Curriculums veröffentlichte.

Zur Verbreitung und Weiterentwicklung des Curriculums und zur Organisation und Durchführung der jährlichen kasuistischen Workshops wurde 2016 der Verein »Arbeitsgemeinschaft Gruppenanalyse mit Kindern und Jugendlichen e. V.« gegründet. Die »Arbeitsgruppe Curriculum« des Vereins übernahm die Aufgabe der Weiterentwicklung und betraute vier ihrer Mitglieder mit der Überarbeitung der ersten Ausgabe. Dabei sollte darauf geachtet werden, dass das Curriculum für die Kinder- und Jugendlichengruppenanalyse auch in Aus- und Weiterbildungskontexte außerhalb des deutschen Sprachraums aufgenommen werden könne.

Änderungen gegenüber der ersten Ausgabe

1. Der Titel der Neuauflage verzichtet auf den Begriff »Curriculum« und heißt nun »Gruppenanalyse mit Kindern und Jugendlichen« mit dem Untertitel »Ein Leitfaden zur Kompetenzentwicklung«.
2. Vorwort und Präambel der ersten Ausgabe wurden inhaltlich überarbeitet und bilden zusammengefasst die Einführung der vorliegenden Neuauflage.
3. Zuvor stichpunktartig ausgeführte thematische Inhalte wurden zu Fließtexten umgestaltet und in ihrer Abfolge neu geordnet. Die drei besonderen Erweiterungen der Gruppenanalyse mit Kindern und Jugendlichen, bisher als »Exkurse« bezeichnet, bilden nun das III. Hauptkapitel.
4. Bei der Überarbeitung wurde darauf geachtet, mit diesem Konzept gleichermaßen Kolleginnen und Kollegen aus pädagogischen und therapeutischen Bereichen anzusprechen, die gruppenanalytisch mit Kindern und Jugendlichen arbeiten wollen.
5. Die Anlagen aus der ersten Ausgabe sind hier entfallen und in aktualisierter Form auf der Website des Vereins »Arbeitsgemeinschaft Gruppenanalyse mit Kindern und Jugendlichen e. V.« (www.kindergruppenanalyse.de) zu finden.

Einführung

Von frühester Kindheit an prägen vielfältige Gruppenerfahrungen und Einflüsse von Gruppen unser soziales Leben und Lernen. Dennoch werden Individualität und Einzelförderung im erzieherischen und therapeutischen Weiterbildungskontext häufig überbetont. Dieser einseitigen Perspektive wollen wir eine gruppenanalytische Sichtweise hinzufügen, die der Bezogenheit des Menschen auf das Du und auf das Wir und damit auf die Entwicklung sozialer Kompetenz mehr Rechnung trägt.

Wissenschaftliche Forschung zeigt deutlich, welche lebenslange Bedeutung Gruppenerfahrungen in der Kindheit für die Entwicklung des Menschen, seiner Identität und seiner Fähigkeit zur sozialen Bezogenheit haben. Die Entwicklungserfahrungen von Kindern und Jugendlichen im Kontext des gesellschaftlichen Wertewandels, der Differenzierung der Geschlechterrollen, der Migrationsdynamik, der Vielfalt von Familienmodellen und der Auswirkungen der Globalisierung und Digitalisierung erfordern besondere Aufmerksamkeit. Daraus ergeben sich Konsequenzen für die institutionelle Erziehung und Bildung sowie für die therapeutischen Konzepte.

Folglich besteht ein großer Bedarf an Personen, die professionell in pädagogischen, präventiven und therapeutischen Arbeitsfeldern mit Kindern und Jugendlichen die Gruppendynamik im Blick haben. Gruppenprozesse von Kindern und Jugendlichen zu verstehen, ihre Gruppen zu leiten und dabei die Ressourcen der

Gruppenmitglieder und der Gruppe als Ganzes zu nutzen, unter Berücksichtigung des jeweiligen Entwicklungsstands ihrer Mitglieder, erfordert eine besondere Haltung, Theorieorientierung und Handlungskompetenz.

Gruppenanalytische Konzepte bieten dafür theoretische Ansätze und praxisrelevante Handlungseinstellungen. Die Pionierarbeit des »Curriculums« besteht im Transfer dieser Konzepte auf die Gruppenanalyse mit Kindern und Jugendlichen und deren Bezugspersonen.

Unter dem Titel »Curriculum« wurde erstmals ein Leitfaden vorgelegt, den eine Arbeitsgruppe aus Mitgliedern von sechs deutschsprachigen gruppenanalytischen Instituten in mehrjähriger Zusammenarbeit für die Weiterbildung in gruppenanalytischer Arbeit mit Kindern und Jugendlichen entwickelt hat.

Der Prozess in der Arbeitsgruppe der Autorinnen und Autoren des »Curriculums« und die Reflexion der Ergebnisse der seit 2005 jährlich stattfindenden Workshops für Kinder- und Jugendlichengruppenanalyse führten zu der Erkenntnis, dass ein spezifisch erweitertes theoretisches Konzept und eine besondere Einstellung und Haltung für die professionelle Arbeit mit Kinder- und Jugendlichengruppen unumgänglich sind.

Die Autorinnen und Autoren des »Curriculums« sind in klinischen und/oder pädagogischen Arbeitsfeldern tätig und haben ihren Erfahrungshintergrund in unterschiedlichen Theoriesystemen. Alle haben zudem die Gruppenanalyse in der Form der Erwachsenenarbeit studiert und auch ihre Selbsterfahrung innerhalb der Ausbildung zum Gruppenanalytiker oder zur Gruppenanalytikerin in Erwachsenengruppen gemacht.

Gruppenanalyse ist nach ihrem maßgeblichen Begründer, dem Psychiater und Psychoanalytiker S. H. Foulkes, eine therapeutische Kommunikationsform, die eine Krankheitssymptomatik als Ergebnis misslungener sozialer und interpersoneller Austauschprozesse identifiziert. Somit sind psychische Störungen des Einzelnen ausdrücklich im Kontext seiner sozialen Entwicklung und Umgebung verstehbar. Ein heilsamer Entwicklungsprozess kann sich entfalten, wenn im Verlauf von Reinszenierungen in einer Gruppe diese sozialen Bedingungen berücksichtigt werden. Die Dynamik des gruppenanalytischen Prozesses entsteht aus der sich ständig ändernden Wechselwirkung eines jeden Gruppenmitglieds mit jedem anderen, einschließlich der Leitung, sowie der Gruppe als Ganzes. Somit liegt die analytische Funktion nicht allein in der Zuständigkeit der Leitung, sondern auch in der aller Gruppenmitglieder und in der Wirkung der gesamten Gruppe.

Dieses Verständnis wurde im vorliegenden Konzept auf die Arbeit mit Kinder- und Jugendlichengruppen übertragen und erweitert. Somit kann es in therapeutische, pädagogische und andere Weiterbildungskontexte Eingang finden.

Im Verlauf dieses Prozesses eröffneten sich für die Arbeit mit Kinder- und Jugendlichengruppen drei wesentliche thematische Erweiterungen: die Entwicklung von (Mit-)Spielfähigkeit, die Einbeziehung von Eltern und Bezugspersonen sowie die Paarleitung.

Die gemeinschaftliche Entwicklungsarbeit begann im November 2006. Die Arbeitsgruppe ging von den je eigenen Ausbildungs- und Gruppenleitungserfahrungen ihrer Mitglieder aus: mit Säuglings-Eltern-Gruppen, Kleinkind-Eltern-Gruppen, Kinder-, Jugendlichen- und Bezugspersonen-Gruppen. Diese Erfahrungen wurden gemeinsam reflektiert und daraus der vorliegende Leitfaden für die gruppenanalytische Arbeit mit Kindern und Jugendlichen entwickelt, für den auch in nicht deutschsprachigen Ländern kein Äquivalent zu finden war. Dieser ermöglicht Weiterbildungsinteressierten, Gruppenprozesse von Kindern und Jugendlichen in den verschiedenen Entwicklungsphasen besser zu verstehen und zu begleiten.

Dieser Leitfaden richtet sich an alle, die sich für die Nutzung der Gruppenanalyse mit Kindern und Jugendlichen in pädagogischen, präventiven und therapeutischen Anwendungsfeldern interessieren und ihre Kompetenz darin erweitern möchten. Die Aus- und Weiterbildungsinstitute können den Leitfaden als Arbeitspapier verstehen und an die Institutsgegebenheiten anpassen. Die Autorinnen und Autoren stehen als Referentinnen und Referenten für die jeweiligen Ausbildungsinstitute zur Verfügung.

Nicht zuletzt gibt dieser Leitfaden den berufspolitisch Verantwortlichen, die der Gruppenanalyse mit Kindern und Jugendlichen die gesetzlichen und finanziellen Rahmenbedingungen schaffen und sichern müssen, Argumentationshilfen an die Hand.

Wir Autorinnen und Autoren wünschen uns den Austausch mit zahlreichen Kolleginnen und Kollegen, mit dem Ziel, dass das erarbeitete Konzept eine fruchtbare Weiterentwicklung erfährt. Wir sind zuversichtlich, dass diese Arbeit mit Kindern und Jugendlichen entsprechend wertgeschätzt und in unterschiedliche Fort- und Weiterbildungsinstitutionen integriert werden wird.

I Weiterbildung als gruppenanalytischer Prozess

1 Zielgruppen

Der vorliegende Leitfaden wendet sich an Weiterbildungsinteressierte sowie Dozentinnen und Dozenten an Instituten aus pädagogischen, heilpädagogischen und psychotherapeutischen Arbeits- und Anwendungsfeldern.
Weiterbildungsinteressierte können sein:

- Berufstätige mit Erfahrung in der Gruppenarbeit mit Kindern und Jugendlichen in pädagogischen und heilpädagogischen Arbeitsfeldern;
- Gruppenpsychotherapeuten und -therapeutinnen, die sich in der gruppenanalytischen Arbeit mit Kindern und Jugendlichen weiterbilden möchten;
- Einzelpsychotherapeutinnen und -psychotherapeuten für Kinder und Jugendliche, die sich in der gruppenanalytischen Therapie weiterbilden möchten.

2 Didaktische Hinweise

Die gruppenanalytische Leitung von Kinder- und Jugendlichengruppen und deren Bezugspersonen bedarf einer eigenständigen Qualifizierung in den jeweiligen Anwendungsfeldern und einer kontinuierlichen berufsbegleitenden Reflexion in der Gruppe.
Die Theorievermittlung soll als gruppenanalytischer Prozess (Hutz, 2008) verstanden werden. Dabei wird die vermittelte Theorie mit den praktischen Erfahrungen aus den Arbeitsfeldern der Weiterbildungsteilnehmenden verknüpft. Die Vermittlung der Inhalte erfolgt demnach im Gruppenkontext möglichst anhand von Fallbeispielen aus den jeweiligen Berufsfeldern. Dabei ist der Fokus auf die unterschiedlichen Entwicklungsphasen und deren Themen, beginnend von der frühen Kindheit bis zum jungen Erwachsenenalter, gerichtet.

Videoanalysen sind hilfreich, um die Beobachtung und Wahrnehmung der entwicklungsspezifischen Interaktions- und Kommunikationsformen zu schulen.

II Kernbereiche gruppenanalytischer Kompetenzentwicklung in der Arbeit mit Kindern und Jugendlichen

Die Aneignung gruppenanalytischer Kompetenzen und die spezifisch kindergruppenanalytische Identitätsbildung gliedern sich in die vier Kernbereiche Selbsterfahrung, Praxiserfahrung, Theorie und Supervision. Die Theorie wird dabei in enger Verbindung zur Praxis im Prozess erarbeitet und kann allein über Lehrbücher und Fachartikel nur unzureichend angeeignet werden.

1 Professionsspezifische kindergruppenanalytische Selbsterfahrung

In der gruppenanalytischen Arbeit mit Kindern und Jugendlichen wird eine ergänzende, professionsspezifische Selbsterfahrung empfohlen, die im freien spielerischen Umgang mit Körper, Klang, Rhythmus, Stimme, Bild, Sprache etc. weitere Ausdrucksweisen des Unbewussten erfahrbar werden lässt. Sie fokussiert darauf, affektive Erfahrungen auf allen psychophysischen Sinnesebenen immer wieder »ins Spiel« zu bringen. So werden die Kommunikationsmöglichkeiten und die eigene Spielfähigkeit reicher und lebendiger. Die Sensibilisierung für die eigene Spielfähigkeit ermöglicht den Teilnehmenden der Weiterbildungsgruppe, die Bedürfnisse und Äußerungen von Kindern und Jugendlichen, aber auch von Säuglingen und Kleinkindern mit ihren Eltern, nicht nur besser wahrzunehmen, sondern sie als spielerische Gruppenkommunikation zu begreifen und mitspielend zu beantworten. Die Reflexion dieser Erfahrung ermöglicht der Gruppenleitung, die jeweiligen Spielprozesse entwicklungsorientiert zu kommentieren und damit die altersgemäßen Ressourcen der Gruppe zu befördern. Gegenüber einem Sich-Einlassen auf diese Kommunikationsebenen und Erlebenswelten der Kinder und Jugendlichen in unterschiedlichen Entwicklungsphasen gibt es auf Seiten der Teilnehmerinnen und Teilnehmer der Selbsterfahrungsgruppen nicht selten Ambivalenzen oder Widerstände. Diese gilt es aufzuspüren, zu Gunsten der eigenen Spielfähigkeit zu bearbeiten und so für den Gruppenprozess nutzbar zu machen.

2 Praxiserfahrung

Wir empfehlen Mitgliedern der Weiterbildungsgruppen, innerhalb (oder außerhalb) ihres beruflichen Praxisfeldes Gruppen von Kindern oder Jugendlichen teilnehmend zu beobachten und ihre dort gemachten Erfahrungen in diese einzubringen. Ziel ist, die Wahrnehmung von Gruppenprozessen durch Beobachtung zu schulen, zu protokollieren[3] und gruppenanalytisch zu reflektieren. Dabei werden institutionelle Rahmenbedingungen und unterschiedliche Arbeitskonzepte erfahren und reflektiert. Umfang und Zeitraum dieser Felderfahrungen sollten sich an den beruflichen Vorerfahrungen der Teilnehmenden der Weiterbildungsgruppe orientieren.

Unter Kasuistik verstehen wir die gruppenanalytisch geleitete gemeinsame Reflexion von Erfahrungen anhand von Fallvignetten aus selbsterlebten Gruppenkontexten. Unser alljährlich stattfindender kasuistischer Workshop zur Gruppenanalyse mit Kindern und Jugendlichen bietet ein Forum für den kollegialen Austausch und die gemeinsame gruppenanalytische Reflexion der Leitung von Kinder- und Jugendlichengruppen aus unterschiedlichsten Kontexten.

---

3 Die gruppenanalytische Begrifflichkeit ermöglicht der Gruppenleitung die Dokumentation des Gruppengeschehens. Hilfreich ist es, direkt im Anschluss an die Sitzung zu dokumentieren. Bei Audio- oder Videomitschnitten sind Einverständniserklärungen aller Beteiligten einzuholen und die gesetzlichen Vorgaben zu beachten.

Im weiteren Verlauf beginnt die praktische Weiterbildung zur Gruppenleitung im Kontext einer selbstgeleiteten Lehrgruppe aus dem eigenen Berufsfeld, die fortlaufend und möglichst im Gruppensetting supervidiert wird. Wir empfehlen, bereits den Aufbau einer solchen Lehrgruppe in unterschiedlichen Rahmenbedingungen (Gruppenzusammensetzung, Setting, begleitende Elternarbeit, Vorgespräche etc.) in der gruppenanalytisch geleiteten Supervisionsgruppe zu besprechen und zu reflektieren. Findet auch die begleitende Arbeit mit den Bezugspersonen im eigenen Gruppensetting statt, kann dies den Prozess in Kinder- und Jugendlichengruppen in besonderem Maße fördern.

Um eine kontinuierliche Entfaltung gruppenanalytischer Prozesse zu ermöglichen, empfehlen wir, die Lehrgruppe über einen längeren Zeitraum (mindestens ein Jahr) zu führen und engmaschig (nach jeder zweiten Gruppensitzung) zu supervidieren.

3 Theorie

Wie bereits erwähnt, verstehen wir die Theorievermittlung als gruppenanalytischen Prozess, bei dem die Theorie mit den praktischen Erfahrungen aus den Arbeitsfeldern der Weiterbildungsteilnehmenden verknüpft wird. Die Inhalte werden im Gruppenkontext – möglichst in kasuistischer Form – entwickelt und orientieren sich an Entwicklungsphasen, beginnend von der frühen Kindheit bis zum jungen Erwachsenenalter.

Entwicklungspsychologie und die Bedeutung biopsychosozialer Kontexte

Gruppenanalytische Theorie vermittelt Entwicklungspsychologie unter der Fragestellung, wie sich das Kind als Gruppenwesen in und mit seiner Primärfamilie im gesellschaftlichen Kontext entwickelt und wie unbewusste Faktoren die verschiedenen Entwicklungsphasen beeinflussen. Das heranwachsende Kind befindet sich von Beginn an in einem stetigen körperlichen und psychischen Entwicklungsprozess, der gruppenanalytisch in Wechselwirkung mit seinem jeweiligen sozialen und historisch-gesellschaftlichen Kontext betrachtet wird. Vermittelt durch deren besondere Aktualisierungen und Reinszenierungen in der Gruppe werden die jeweils zu bewältigenden phasenspezifischen Aufgaben, Konflikte und Krisen erschlossen. Dabei werden unbewusste Anteile der Beziehungsgestaltung in den jeweiligen Entwicklungsphasen berücksichtigt:

- Die frühen Kommunikationsformen des Säuglings entwickeln sich aus den sinnlich-affektiven Erfahrungen mit seinen Bezugspersonen.
- Diese werden im weiteren Entwicklungsverlauf durch das kindliche Spiel erweitert.
- Entwicklungsspezifische Schwellensituationen aktualisieren Ablösungskonflikte.
- Tiefgreifende psychosexuelle Umbrüche in Pubertät und Adoleszenz führen zu einem radikalen und krisenhaften Umbau von Selbst- und Beziehungskonzepten.
- Die Entwicklung sexueller Beziehungen und die Suche nach beruflicher Identität bestimmen den Übergang zum Erwachsenenalter.

In diesem Kontext bieten sich u. a. folgende Themenschwerpunkte an: Paarbeziehung, die Bedeutung der Triangulierung im Beziehungsgeschehen, Geschwisterkonstellationen, »Projekt Kind/Elternschaft«, Entstehung der Primärgruppe, Familienkonzepte, frühe Bezugsgruppen und Peers. Gesellschaft: Migration und Flucht, Digitalisierung und kultureller Wandel.

Psychopathologische Symptome im Kontext der Gruppe

Individuelle psychopathologische Symptome werden als interaktionelles Geschehen im Hier und Jetzt der Gruppe betrachtet und vor dem Hintergrund altersspezifischer Entwicklungsaufgaben und Anpassungsleistungen an die soziale Umgebung interpretiert. Die Ausbildung von Symptomen wird somit als mehr oder weniger gelungene Anpassung gesehen oder auch als Kompensation ihres Scheiterns.

Aus dem Aufeinandertreffen biografisch jeweils unterschiedlich geprägter Bewältigungsstrategien und der im aktuellen Gruppenprozess geforderten Anpassungs- und Integrationsleistungen resultieren spezifische Probleme. Diese stehen im Fokus der Aufmerksamkeit der Gruppenleitung.

Als spezielle Themen bieten sich u. a. an:
- die gemeinsame Inszenierung von Symptomen und psychosozialen Abwehrmechanismen als interaktionelles Geschehen der Gruppe;
- die vergleichende Zusammenschau psychoanalytischer, gruppenanalytischer, systemischer und lerntheoretischer Konzepte des Verständnisses von somatopsychosozialen Phänomenen und Störungen von Krankheitswert;
- Klassifikationskonzepte psychischer Störungen und Krankheiten (ICD, DSM V, OPD-KJ, Zero To Three).

Dynamische Gruppenmatrix

Foulkes' Konzept der Gruppenmatrix bildet zusammen mit seinem Verständnis kommunikativer Prozesse die Essenz seiner gruppenanalytischen Theorieentwicklung. In Analogie zum neuronalen Netzwerk des menschlichen Gehirns versteht Foulkes Gruppe als ein Beziehungs- und Kommunikationsnetzwerk, das durch die Interaktionen der einzelnen Gruppenmitglieder mit jeweils unterschiedlicher sozialer und kultureller Herkunft geprägt wird. Zugleich werden die Individuen durch die Gruppe als ein gestalthaft Ganzes beeinflusst. Foulkes nennt diesen wechselseitigen kommunikativen Prozess auf verbaler wie nonverbaler, bewusster wie unbewusster Ebene die dynamische Gruppenmatrix[4]. Alles, was in der Gruppe geschieht, jeder individuelle Beitrag, jede körperliche Reaktion, jede Inszenierung wird nach Foulkes als Mitteilung betrachtet, deren Bedeutung sich im Kontext des aktuellen Gruppengeschehens erschließen lässt (Foulkes, 1971). Damit wird die Gruppenmatrix als ein »gemeinsamer Sinn- und Bedeutungskontext« (Brandes, 2008b) verstehbar. »An dessen Konstituierung sind die Individuen als Mitglieder der Gruppe beteiligt« (Brandes, 2008b, S. 79).

Im Sinne dieser wechselseitigen kommunikativen Bezogenheit von Individuum und Gruppe, des Wechselspiels von Figur und Grund, werden die manifesten und latenten, bewussten und unbewusst inszenierten Gruppenthemen erarbeitet sowie die Einflussfaktoren auf Gruppendynamik und Prozessentwicklung analysiert.

---

4 »Die ›Matrix‹ ist im Gruppengeschehen das psychische Netzwerk gegenseitiger Interdependenzen der Mitglieder einer Gruppe, das sich in Form von Aktionen und Reaktionen manifestiert. Darin sind auch die wechselseitigen Projektionen, Identifikationen, Spiegelungen und Reinszenierungen früherer Beziehungsmuster reaktiviert. Insofern hat die Matrix nicht nur eine inter-, sondern auch transpersonale und transgenerationale Dimension […] und die psychodynamischen Erscheinungen sind für Foulkes entsprechend *transpersonale Manifestationen* […]. Daraus ergibt sich für ihn zugleich die Schlussfolgerung, dass Psychodynamik und Soziodynamik identisch sind. Die Psyche ist kein in sich abgeschlossener Bereich. Was sich intrapsychisch ereignet, ist in Beziehungserfahrungen und der Spannung zwischen unbewussten Triebkräften und sozialen Forderungen begründet und wirkt auf die sozialen Beziehungen zurück […]« (Moré, 2015, S. 178 f.).

Aspekte der Gruppenmatrix sind nach Foulkes die individuellen Lebensgeschichten der Gruppenmitglieder – einschließlich der Gruppenleitung – in ihren jeweiligen gesellschaftlichen Kontexten, aktuelle äußere Ereignisse oder auch institutionelle Spiegelphänomene. Bei Gruppen mit Kindern und Jugendlichen fallen deren jeweils aktuelle Entwicklungsphasen sowie familiäre und außerfamiliäre Umfelder besonders ins Gewicht. Je jünger die Gruppenmitglieder sind, desto größer ist die Bedeutung der nonverbalen, handlungsbasierten Kommunikation.

4 Gruppenleitung

Die Gruppenleitung ist verantwortlich für die Bereitstellung der Räume und für das Setting. Sie setzt die Grenzen des Spielraums, administriert den Gruppenprozess bezüglich seiner Dynamik und achtet auf die Entwicklungsbesonderheiten der Gruppenmitglieder. Die Unterschiede zwischen Säuglings-, Kleinkind-, Kinder-, Jugendlichengruppen und Gruppen junger Erwachsener sind erheblich und müssen bezüglich Setting, Grenzsetzung und Intervention berücksichtigt werden. Die eigene Spielfähigkeit der Gruppenleitung ist Voraussetzung, um bereit und offen sein zu können, die Bedürfnisse und die Äußerungen der Gruppenmitglieder wahrzunehmen und ihnen im Gruppenprozess Raum zu geben. Die Gruppenleiterinnen und -leiter sind Mitglieder der Gruppe und spielen mit. Somit sind sie gleichzeitig gefordert, den Prozess als Mitglied mitzuvollziehen, ihn zu reflektieren und zu fördern. In diesem Kontext sind das Verständnis und die Gestaltung der Abstinenz der gruppenanalytischen Leitung in besonderer Weise zu beachten. Zur Gruppenleitungskompetenz gehört die Bereitschaft, das Vertrauen in das konstruktive Potenzial der Gruppe immer wieder aufzubauen.

Paarleitung

Es hat vielfältige Auswirkungen, ob eine Gruppe von einem Einzelnen oder von einem gleich- oder verschiedengeschlechtlichen Leitungspaar geführt wird. Gute Erfahrungen mit der Paarleitung von Kinder-, Jugendlichen- und Bezugspersonen-Gruppen sprechen für dieses Leitungsmodell.

Wir wählen den Begriff »Paarleitung« – und nicht »Co-Leitung«[5] –, weil wir damit deutlich machen wollen, dass es sich um eine nichthierarchische, gleichberechtigte Beziehung des Leitungspaars handelt, auch bei einer gemeinsamen Leitung von Lehrenden und Lernenden.

Das Leitungspaar ermöglicht und begleitet Entwicklungsprozesse. Es sorgt dafür, dass die Gruppe ihre Regeln findet und beachtet und eine eigene Kommunikationskultur entwickeln kann. Dabei wirkt die Kommunikation des Leitungspaars modellhaft. Das Leitungspaar ist Container des emotionalen Geschehens. Es benennt, kommentiert, deutet, konfrontiert, spiegelt das Geschehen phasenspezifisch im Gruppenprozess, dem jeweiligen Struktur- und Entwicklungsniveau entsprechend. Es hilft damit der Gruppe, ihre Sprache zu finden für das jeweilige Empfinden, Erleben und szenische Geschehen. Bei gleichsam elterlichem Containing bilden sich in der Beziehung des Leitungspaars und seinen Gegenübertragungen sowohl die unterschiedlichen Modelle der Herkunftsfamilien der Mitglieder ab als auch – wie in einem zusätzlichen Spiegel – aktuelle Gruppenphänomene. Die Kommunikation des Leitungspaars wird von Übertragungs- und Gegenübertragungsphänomenen sowie Konfliktverschiebungen aus der

---

5 Der Begriff »Co-Leitung« ist gebräuchlicher, insbesondere im angloamerikanischen Sprachraum (z. B. Yalom, 2007). Er unterscheidet aber nicht zwischen hierarchischer und nichthierarchischer Beziehung der Leiter zueinander.

Gruppe beeinflusst. Bereits die Konzeption seines Projekts Gruppe ist bedeutsam für das Übertragungsgeschehen.

Ob das Leitungspaar gleich- oder verschiedengeschlechtlich ist, löst unterschiedliche Phantasien in der Gruppe aus. Störungen in seiner Beziehung – gleich welchen Ursprungs sie sein mögen – wirken in die Dynamik der Gruppe hinein, die sich dann vermehrt mit dem Leitungspaar beschäftigt. Um die erweiterten Möglichkeiten der Paarleitung für den Gruppenprozess und die Gruppenmitglieder fruchtbar zu machen, bedarf es einer guten Passung und einer beständigen Reflexion der Beziehung und Kommunikation des Leitungspaars. Diesbezügliche Störungen können mittels einer externen Supervision des Leitungspaars geklärt werden.

In der Weiterbildungsgruppe sollten unterschiedliche Familien- und Rollenmodelle von Elternschaft bezüglich ihrer Auswirkungen auf das Konzept des Leitens und den Gruppenprozess reflektiert werden.

Leiten und Intervenieren in Gruppen

Wichtigstes Leitungsprinzip ist die Ermöglichung und Aufrechterhaltung eines geschützten Spielraumes (verbal und nonverbal) entsprechend der Entwicklung der Kinder und Jugendlichen, in dem die eigenen kommunikativen Möglichkeiten entdeckt, erprobt, verändert und weiterentwickelt werden können. Dabei sind alle sensorischen und körperlichen Wahrnehmungs- und Ausdrucksebenen, angefangen von den frühen sinnlichen/affektiven Ausdrucksebenen bis hin zur symbolischen Ebene von Bedeutung. Sie werden wahrgenommen, eventuell benannt, reflektiert, nach

Möglichkeit in ihrer Bedeutung erschlossen und im Gruppenprozess verstanden.

Die Technik richtet sich nach dem Entwicklungsalter der Gruppenmitglieder, den Settingbedingungen (z. B. ambulant – stationär; pädagogisch – therapeutisch), den Besonderheiten der Gruppe (z. B. symptomspezifische Gruppen) und spezifischen Zielsetzungen. Das Oszillieren zwischen Mitspielen, Sich-verwickeln-Lassen einerseits und Beobachten und Reflektieren andererseits ist eine wesentliche Leitungstechnik, vor allem bei Gruppen mit jüngeren Kindern. Die Kommunikation des Leitungspaars in der Gruppe ist ein Essential der gruppenanalytischen Arbeit, weil damit die Übersetzung des für diese Altersgruppen spezifischen Mitteilens in eine symbolische Kommunikation möglich wird. Leiterinterventionen folgen den Aktivitäten der Gruppe. Sie dienen der Förderung der Gruppenkommunikation und sollen Entwicklungsprozesse anregen. Die technischen Interventionsformen, wie abwartend Wahrnehmen, Beachten, Benennen, Spiegeln, Übersetzen, sollen der Gruppe modellhaft den Kommunikationsprozess bewusst machen. Deutungen werden zurückhaltend eingesetzt und zielen darauf, Übertragungs- und Gegenübertragungsprozesse verstehbar und deren Bedeutung für das gesamte Gruppengeschehen erkennbar zu machen. Spielerische Einflussnahmen auf das Setting – wie z. B. das Mitbringen von Essen und Trinken, elektronischen Geräten, Freunden und Tieren etc. – werden in der Gruppe benannt und in ihrer ambivalenten Bedeutung zu verstehen versucht.

Besondere leitungstechnische Aufgabenstellungen entstehen zu Beginn und zum Ende der Gruppe, mit der Aufnahme neuer und Verabschiedung alter Mitglieder, bei starkem Agieren bis zu Suizidversuchen, bei Abbrüchen, bei Grenzverletzungen, bei Eingriffen der Bezugspersonen, bei Unterbrechungen und Veränderungen. Bei übergriffig-aggressiven oder destruktiven Aktivitäten gegen andere Gruppenmitglieder kann es sinnvoll sein, diese auf die Leitungspersonen zu lenken, damit sie handhabbar werden. Bei massiveren Grenzverletzungen und Angriffen auf das Setting oder Personen gilt es, schützend und begrenzend zu intervenieren.

Setting und Settinggestaltung

In der gruppenanalytischen Arbeit ist die Gestaltung des Settings von besonderer Bedeutung. Die Gruppenleitung legt die spezifischen Rahmenbedingungen fest, in deren Schutz sich der Gruppenprozess frei entfalten kann.

Settingaspekte in der Arbeit mit Kinder- und Jugendlichengruppen

- personelle: Gruppengröße, (Co-/Paar-)Leitung, Eltern/Bezugspersonen;
- räumliche: Raumgröße und -aufteilung, Innen-/Außenräume, Ausstattung;
- materielle: Matten, Kissen, Decken, Stühle etc., alters- und gruppengerechtes Spielmaterial und Medien;
- zeitliche: Frequenz, Dauer, Rhythmus, Ferienregelung;
- strukturelle: geschlossene/halb-offene Gruppe; niedriger oder höher strukturiert, z. B. Anfangs-, Spiel- und Abschlussrunde;
- Grundregeln: freie Kommunikation, freiwillige und verbindliche Teilnahme, Vertraulichkeit und Schweigepflicht nach außen, Abstinenz;

- Vereinbarungen mit den Kindern, Jugendlichen und gesetzlichen Vertretern.

Empfehlungen zu einer altersspezifischen Settinggestaltung
Diese können den jeweiligen Bedingungen angepasst werden.

Gruppen mit Kindern bis 1,5 Jahre
- Die Gruppe umfasst bis zu sechs Kinder mit ihren Eltern.
- Zu Beginn und zum Abschluss bilden die Kinder den Innen- und die Eltern den Außenkreis.
- Der erste Teil ist eine Spielsequenz, altersentsprechendes Spielmaterial steht zur Verfügung. Eltern und Kinder sitzen auf dem Boden.
- Der zweite Teil ist eine gruppenanalytische Gesprächssequenz. Die Eltern sitzen im Stuhlkreis, die Kinder sind im Innenkreis, altersentsprechendes Spielmaterial liegt bereit.
- Das Setting wird flexibel an die Bedürfnisse dieser Altersgruppe angepasst.

Gruppen mit 1,5- bis 3-jährigen Kindern
- Das Setting wird eingerichtet wie bei Kindern bis 1,5 Jahre.
- Die Gruppe umfasst fünf bis sieben Kinder.
- Altersgerechtes Spielmaterial steht zur Verfügung.
- Eventuell entwickelt sich der Übergang von einer gemeinsamen Kinder-Eltern-Gruppe zu voneinander getrennt stattfindenden Kinder- und Elterngruppen.

Gruppen mit 3- bis 5-jährigen Kindern
- Die Gruppe umfasst fünf bis sieben Kinder.
- Anfangs- und Schlussrunde finden im Kreis statt.
- Dazwischen können die Kinder ihr Spiel im gesamten Gruppenraum frei gestalten.
- Altersgerechtes Spielmaterial liegt bereit.
- Die verbindliche Elternarbeit – möglichst in einer eigenen Gruppe – findet zeitlich und räumlich getrennt statt.

Gruppen mit Kindern im schulpflichtigen Alter
- Die Gruppe umfasst sechs bis neun Kinder.
- Die Gruppe ist in der Regel gemischtgeschlechtlich zusammengesetzt; jedes Kind sollte möglichst im Alter und in seiner Problematik mindestens ein »Pendant« haben.
- Es ist von Vorteil, wenn in der Gruppe zwei aufeinanderfolgende Entwicklungsphasen repräsentiert sind. Damit werden regressive wie progressive Prozesse begünstigt und Geschwisterdynamiken angeregt.
- Im Gruppenraum sollten Rückzug und Gemeinsamkeit in (Teil-)Gruppen möglich sein, da zwischen den verschiedenen Altersstufen Bedürfnisse und Konflikte auftauchen, die phasenspezifisch unterschiedlichen Ausdruck finden können.
- Ausgewähltes Spielmaterial ist vorhanden, wird aber nicht aktiv angeboten.
- Die Gruppe beginnt und endet im Sitzkreis.
- Parallel zur Kindergruppe findet die Arbeit mit den Bezugspersonen statt, möglichst in einer eigenen Gruppe.

*Gruppen mit Jugendlichen und jungen Erwachsenen
(16 bis Anfang 20)*

- Die Gruppe umfasst sechs bis neun Mitglieder.
- Die Gruppensitzungen finden im Kreis statt.
- Die Gruppe sollte nach Geschlecht, Alter, Bildungsniveau und Problematik gemischt zusammengestellt sein und jedes Mitglied mindestens ein »Pendant« haben.

Arbeit mit den Bezugspersonen

Die Leitung einer parallelen Bezugspersonengruppe erfordert ein eigenes Setting.

- Die Gruppe der Bezugspersonen kann bestehen aus Eltern und weiteren Bezugspersonen.
- Die Gruppensitzungen finden im Stuhlkreis statt.
- Die Frequenz der Sitzungen ist im Verhältnis zur Kindergruppe in der Regel 1:4. Die Frequenz wird mit den Beteiligten abgestimmt.

Indikation, Regelmäßigkeit und Verbindlichkeit der begleitenden Elternarbeit nehmen im Regelfall mit zunehmendem Alter der Kinder und Jugendlichen ab. Bis zum 16. Lebensjahr sollte sie Bestandteil der Gruppenarbeit sein. In besonderen Fällen kann auch eine Elternarbeit bei Adoleszenten hilfreich sein.

Kindzentrierte Eltern- und Bezugspersonengruppen

Ein alternatives Setting ist, alle für das Kind relevanten Bezugspersonen in einer Gruppe zusammenzuführen. Es gibt Erfahrungen, dass Großeltern und Eltern, Mitarbeitende von Jugendhilfeeinrichtungen bzw. Pflegeeltern mit leiblichen Eltern oder getrennt lebenden Eltern (auch mit ihren neuen Partnern) fruchtbar an gemeinsamen Reflexionsprozessen partizipieren können.

Indikation und Kontraindikation für gruppenanalytische Kinder- und Jugendlichengruppen

Die Zusammenstellung einer Gruppe hängt entscheidend von der Vorstellung ab, die die Gruppenleitung vom Entwicklungspotenzial der jeweiligen Gruppe und ihrer Mitglieder hat. In dieser Präkonzeption der Leitung liegt das Hauptkriterium zur Indikation und Kontraindikation für diese Gruppe. Bei bereits bestehenden, institutionellen Gruppen muss sich die Leitung in besonderer Weise auf die Gruppe einstellen. Es gibt keine allgemeingültigen Kriterien zur Indikation und Kontraindikation für die Teilnahme an gruppenanalytischen Gruppen. Nach Foulkes können alle in die Gruppe, die motivierbar sind.

Bei therapeutischen Gruppen bedarf es einer besonderen Indikationsstellung, z. B. bei Patientinnen oder Patienten mit Persönlichkeitsstörungen, akuter Psychose, schwerer Suchterkrankung, Suizidalität oder ausgeprägt dissozialer Symptomatik. Im Rahmen der diagnostischen Vorgespräche mit einem möglichen neuen Gruppenmitglied und dessen Bezugspersonen geht es um Überlegungen, wie dieses mit seinen Beschwerden und seiner Problematik Reinszenierungsmöglichkeiten in der Gruppe findet. Von besonderer Bedeutung sind Informationen und eigene Beobachtungen des möglichen neuen Gruppenmitglieds über sein Verhalten und Erleben in sozialen Gruppen.

Gruppenanalytische Haltung

Gruppenanalytische Haltung bedeutet grundsätzlich, allen Mitgliedern der Gruppe einen angemessenen und geschützten Kommunikations- und Spielraum zur Verfügung zu stellen, ihre Ausdrucksformen darin sensibel wahrzunehmen und hinsichtlich ihrer Bedeutung für die Beziehungsgestaltung und Selbstentwicklung in der Gruppe zu reflektieren. Bei der Leitung von Kinder- und Jugendlichengruppen orientiert sich die Haltung an dem jeweiligen Entwicklungsniveau und -prozess der Gruppenmitglieder. Bei der Gruppenarbeit mit Kindern und Jugendlichen sind Spielfreude und Mitspielbereitschaft der Gruppenleitung essenziell.

In der Weiterbildungsgruppe geht es darum, fundierte Erfahrungen mit den besonderen altersspezifischen Erscheinungsformen von Kinder- und Jugendlichengruppen zu erwerben und einen spielerischen Umgang damit zu gewinnen.

Leiten von gemeinsamen Säuglings-/Kleinkind-Bezugspersonen-Gruppen

Säuglings-/Kleinkind-Bezugspersonen-Gruppen sind durch einen schnellen Wechsel der Kommunikationsebenen im Spielgeschehen geprägt (frühe, nonverbale und verbale Kommunikation). Dies setzt bei der Gruppenleitung Spielfreude und Mitspielbereitschaft sowie eine hohe innere Flexibilität auf der Wahrnehmungs- und Reflexionsebene voraus. Die Gruppenleitung öffnet und hält den Spielraum für die Interaktionen zwischen Babys, Kleinkindern und ihren Bezugspersonen. Dabei muss sie als dynamischer Container das Regressionsniveau angemessen regulieren. Die Bezugspersonen werden angeregt, an den Spielinszenierungen der Babys/

Kleinkinder (beobachtend) teilzunehmen und die auftauchenden Empfindungen, Erinnerungen und Gedanken im geschützten Reflexionsraum der Gruppe zu formulieren, auszutauschen und in Beziehung zu setzen.

Die Übertragungen auf die Gruppenleitung sind komplex (z. B. Großeltern-, Eltern-, Partner-, Geschwisterübertragungen). Sie sind im Gegenübertragungsprozess der Gruppenleitung als multiples triadisches Beziehungsgeschehen[6] zu reflektieren. Babys und Kleinkinder reagieren prompt auf ein Gegenüber, das sich besonders feinfühlig auf sie einstimmt. Im Setting dieser Gruppen werden daher latent vorhandene Konkurrenzgefühle und andere heftige Affekte (z. B. der Bezugspersonen) besonders gegenüber der Gruppenleitung und den Kindern aktualisiert. Spannungsvolle, dysregulierte Beziehungsinteraktionen (Äquivalenzmodus) werden kontinuierlich begleitet, contained, gespiegelt, benannt und verstanden.

Leiten von Kindergruppen im Kindergartenalter

In ihren ersten Lebensjahren sind Kinder zwar in hohem Maße auf Erwachsene angewiesen und auf diese bezogen, aber sobald ihre motorischen und kommunikativen Möglichkeiten es zulassen, suchen sie den Kontakt zu anderen Kindern. Bereits von diesem Alter an stellt die Gruppe der Peers eine Art »Übergangsraum von der Familie in die Gesellschaft« dar (Brandes u. Schneider-Andrich, 2017, S. 22).

Kindergruppen im Kindergartenalter finden erstmals ohne Anwesenheit ihrer primären Bezugspersonen statt. Gruppen-

---

6 Z. B. Kind-Bezugsperson-Leitung; Kinder-Bezugspersonen; Kind-Leitungspaar.

leiterinnen und Gruppenleiter werden von den Kindern als außerfamiliäre erwachsene Bezugspunkte im Sinne eines sicheren Hafens benötigt. Die Leitung solcher Kindergruppen ist primär an dem Bedürfnis der Kinder orientiert, sich, auf dem Boden einer sicheren Bindung, der Gruppe der Gleichaltrigen zuzuwenden, zu der sie dazugehören und in der sie mitmachen wollen.

Foulkes hebt die besondere Bedeutung von Vater- und Mutterübertragungen hervor: »Die Gruppenmitglieder brauchen in dem Zusammenprall von Persönlichkeiten unter hoher emotionaler Spannung die dauernde Gegenwart und den Schutz einer Vaterfigur (oder Mutterfigur, H. Brandes), dessen Unparteilichkeit und Gerechtigkeit sie vertrauen« (zit. nach Brandes, 2008a, S. 49). Kinder agieren ihre primärfamiliären Übertragungen auf die Leitungspersonen entschieden offener als Erwachsene. Es ist wichtig zu verstehen, dass diese auf die Leitung gerichteten Emotionen der Kinder nicht allein der realen Person der Gruppenleitung gelten, sondern auch von dieser wesentlich als Übertragungsphänomene angenommen und beantwortet werden.

Die Qualität der Leiter-Kind-Beziehung beeinflusst das gemeinsame Spiel und die Gruppendynamik zwischen den Kindern. In der Gruppe kommen Kinder mit unterschiedlichen Bindungserfahrungen zusammen. Die Gruppenleitung geht darauf ein, ohne den Gruppenprozess als Ganzes aus dem Blick zu verlieren. Kinder, die sich von den Leitenden gut gehalten fühlen, zeigen längere Spielsequenzen mit ihren Peers und wechseln ihre Spielgefährten nicht so häufig (Brandes u. Schneider-Andrich, 2017, S. 26). Die Fähigkeit der Gruppenleitung, gemeinsame Aktionen zu fördern, hat einen entscheidenden Einfluss auf die soziale Entwicklung der Kinder und ihr Wohlbefinden in der Gruppe.

Leiten von Kindergruppen im Grundschulalter und der Präadoleszenz (ca. 6-12 Jahre)

Die Leitung soll laut Foulkes eine »erträgliche Gleichgewichtsstörung« (1992, S. 82) im Gruppenprozess anstreben, wobei sie das Verhältnis von konstruktiven und destruktiven Tendenzen, zwischen aufrüttelnden und stützenden Wirkungen dauernd aussteuern muss. Die Leitung muss im Prozess im Hinblick auf die gewachsene Kohäsion immer wieder entscheiden, wie und auf welcher Ebene neue Entwicklungen angestoßen werden können. Das betrifft sowohl die einzelnen Gruppenmitglieder als auch die Gruppe als Ganzes. Die Gruppenleitung sorgt dafür, dass jedes Gruppenmitglied seinen Platz und seine Stimme in der Gruppe findet. Sie interveniert, wenn ein Gruppenmitglied stigmatisiert oder dauerhaft zum Sündenbock oder Außenseiter der Gruppe zu werden droht. Sexualisiertes, aggressives und destruktives Agieren sollte nicht vorschnell begrenzt oder gar angstvoll unterbunden werden, sondern durch eine angemessen permissive Haltung der Gruppenleitung ermöglicht und sichtbar werden. Sollten diese Prozesse im Erleben der Leitung ein tolerierbares Maß überschreiten, muss sie das Geschehen aktiv begrenzen und im Rahmen ihrer Verantwortlichkeit eine klare, modellhaft erwachsene Haltung zeigen. Dadurch werden der sichere Raum und die Containing-Funktion der Gruppe wiederhergestellt, die Ich-Funktion ihrer Mitglieder gestützt und ein Prozess gemeinsamer Kommentierung und versprachlichender Interpretation angestoßen, in dem die Bedeutung jener spontan grenzüberschreitenden Äußerungsformen im Gruppenprozess begreifbar und von den einzelnen Gruppenmitgliedern verstanden und angenommen wird.

Das Einsetzen der körperlichen Veränderungen zur Geschlechtsreife bedeutet für die Einzelnen und die Gruppe einen einschneidenden Bruch vertrauter Selbstwahrnehmungen und Interaktionsformen und geht mit einer Erschütterung der primären Objektbeziehungen einher. Das hat vielfältige Auswirkungen auf die Gruppenleitung, die nun verstärkt mit den Verunsicherungen und veränderten narzisstischen Bedürfnissen der Pubertierenden sowie deren teils massiven Abwehrmanövern konfrontiert wird.

Leiten von Adoleszentengruppen
Ablösungs- und Identifikationsprozesse im Rahmen der Autonomieentwicklung von Jugendlichen sowie die Integration körperlicher Veränderungen, insbesondere ihrer Sexualität, sind entwicklungsspezifische Herausforderungen, die besondere Aufmerksamkeit der Gruppenleitung erfordern.

Die Wünsche der Jugendlichen, sich von ihren primären Bezugspersonen abzulösen und sich von deren Vorstellungen und Introjekten zu distanzieren, gehen mit einer Labilisierung des Selbstwertgefühls einher. Jugendliche versuchen daher, durch die Hinwendung zu Ich-Idealen, die in der Peergroup kollektiv geteilt werden, ihre Verunsicherung zu kompensieren. Das Bewusstwerden der Diskrepanz zwischen Real- und Idealselbst begründet die besondere Kränkbarkeit von Jugendlichen, aber auch deren lustvolle Kreativität. So kann die juvenile Schamkrise sowohl zu verstärktem Abschirmungs- oder provokantem Entwertungsbemühen führen als auch zu spielerisch-kreativen Entwürfen von Individuum und Gruppe – übrigens auch auf Seiten der Gruppenleitung.

Die Gruppenleitung berücksichtigt und achtet die besondere Kränkbarkeit der Jugendlichen, die zu intensiven Reaktionen auf Gruppe und Gruppenleitung führen können (z. B. Tendenzen zur Entmachtung oder Ausgrenzung der Gruppenleitung, Verschmelzungs- und Idealisierungsbedürfnisse oder Kabbeleien mit anderen Gruppenmitgliedern). Aggression und Provokation bei Jugendlichen werden im Dienste der Loslösung und Autonomieentwicklung gesehen und benannt. »Abwertungsrituale« in den Gruppensitzungen sind neben dem Ausdruck aggressiver Triebimpulse als Modus der Beziehungsaufnahme der Jugendlichen untereinander und zu den Gruppenleitern (gleich- oder gegengeschlechtlich) zu verstehen. Die geschlechtsspezifischen Ausdrucksweisen dienen häufig zur Ausbildung der Geschlechterdifferenzierung, der sexuellen Identität und Orientierung.

Die Paarleitung und deren Binnenkommunikation kann in diesem Prozess der Ablösung kindlich-libidinöser Besetzung der Eltern eine zusätzliche Projektionsfläche, Spiegelungs- und Vorbildfunktion bieten.

Leiten von Bezugspersonengruppen

Die Arbeit mit Bezugspersonengruppen ist in unserem Ansatz ein wesentlicher Bestandteil der gruppenanalytischen Arbeit mit Kindern und Jugendlichen. Die gruppenanalytische Haltung der Leitung ermöglicht sowohl die Arbeit mit vorgegebenen Themen als auch mit freier Kommunikation in den Bezugspersonengruppen. Die Leitung sichert durch ihre Haltung die Vertraulichkeit sowohl in der Kinder- und Jugendlichengruppe wie auch in der Gruppe der Bezugspersonen. Das Potenzial der parallelen Prozesse erschließt sich besonders dann, wenn es der Leitung möglich ist, sie integrativ zu erfassen und jeweils zu übersetzen. Diese Haltung kann in Bezugspersonengruppen am ehesten durch eine Paarleitung gewährleistet werden.

5 Supervision

Supervision in der Gruppe ist eine Forschungsmethode und Lernort für gruppenanalytisches Leiten von Gruppen. Gruppendynamische Prozesse lassen sich am besten im Gruppensetting spiegelnd und multiperspektivisch erschließen. Gruppensupervision bringt in einem kommunikativen Erlebens-, Wahrnehmungs- und Reflexionsprozess das unbewusste Geschehen der vorgestellten Gruppe reinszenierend zum Vorschein. Deren Leitung erfährt durch diesen Spiegelungsprozess auch etwas über die eigenen nicht wahrgenommenen oder abgewehrten Anteile im Kontext dieser Gruppe. Die Supervisionsgruppe als Resonanzraum ist daher nicht allein während der Weiterbildung unabdingbar, sondern essenzieller Bestandteil gruppenanalytischen Arbeitens schlechthin. Es ist immer wieder erstaunlich, was in einer Supervisionsgruppe auf unterschiedlichen Ebenen zur Darstellung kommt, gerade wenn es zuvor nicht in Worte gefasst war.

Supervision und Intervision[7] gewährleisten eine zunehmende Sensibilisierung der Wahrnehmungsfähigkeit und einen Perspektivenwechsel. Dies ermöglicht der Gruppenleitung die (Wieder-)Gewinnung des erforderlichen inneren Abstands vom unmittelbaren Gruppengeschehen und der notwendigen reflexiven Haltung.

---

7 Für Gruppenleiterinnen und Gruppenleiter mit abgeschlossener Weiterbildung kann die gemeinsame Reflexion ihrer gruppenanalytischen Arbeit alternativ zur Supervisionsgruppe auch im leitungslosen Kontext einer kontinuierlichen Intervisionsgruppe erfolgen.

Gerade in der gruppenanalytischen Arbeit mit teils heftig agierenden Kindern und Jugendlichen ist eine sichernde Wiederherstellung der Spiel- und Denkräume der Gruppe und ihrer Leitung durch eine kontinuierliche und engmaschige Supervision unabdingbar.

Wie in der gruppenanalytischen Gruppe wird der Fokus auch in der Supervisionsgruppe primär auf die Dynamik des sozialen Geschehens gerichtet. Dabei geht es weniger um die verbal vermittelten Inhalte, sondern vielmehr um das Wie, das Wann und das Warum des Kommunikationsgeschehens, insofern sie erlebte und reinszenierte Beziehungsaspekte beleuchten und bezeugen.

Wir erachten die Leitung einer Supervisionsgruppe durch ein Leitungspaar als besonders effektiv, weil sich dessen Beziehungsdynamik als ein weiteres, ergänzendes Spiegelinstrument für die Darstellung der Dynamik in der vorgestellten Gruppe nutzen lässt.

Besonders anregend und bereichernd kann die bewusste Zusammensetzung der Supervisionsgruppe aus Leiterinnen und Leitern von Kinder- und Jugendlichengruppen sowie von Erwachsenengruppen und aus verschiedenen gruppenanalytischen Anwendungsbereichen sein.

Wir empfehlen, Supervision bereits bei Beginn der Gruppenzusammenstellung in Anspruch zu nehmen, möglichst als Leitungspaar und kontinuierlich.

III Spezifische Erweiterungen der Gruppenanalyse bei der Arbeit mit Kindern und Jugendlichen

Unserer Erfahrung nach lässt sich gruppenanalytische Arbeit mit Kindern und Jugendlichen durch folgende Spezifika charakterisieren: 1. die (Mit-)Spielfähigkeit der Leitungspersonen; 2. die Einbeziehung von Bezugspersonengruppen und 3. die Gruppenleitung als Paar.

In der Weiterbildungsgruppe geht es darum, die Sinnhaftigkeit dieser drei Besonderheiten der Gruppenanalyse mit Kindern und Jugendlichen zu erfahren und sich hierin besondere Kompetenzen anzueignen.

1 Spiel und Spielen

> »... der Mensch spielt nur, wo er in voller Bedeutung
> des Worts Mensch ist,
> und er ist nur da ganz Mensch, wo er spielt.«
> Friedrich Schiller[8]

Wir verstehen den gruppenanalytischen Prozess als ein zirkuläres »Spielen«, mit dem Potenzial, den Einzelnen wie die Gruppe als Ganzes weiterzuentwickeln. Zentrale Aufgabe der Gruppenleitung ist, den Gruppenraum als potenziellen Übergangsraum (Winnicott, 1971) als Spiel-, Inszenierungs- und Entwicklungsraum bereitzustellen und zu schützen. Winnicott verstand bereits die frühen dialogischen Interaktionen zwischen Mutter und Kind als Spielen auf der körperlich-sinnlichen Resonanzebene und sah darin einen Ausdruck der Gleichzeitigkeit von Trennung und Verbindung zwischen diesen beiden. Im unzensierten, offenen und gehaltenen Spielraum der Gruppe wird die Gleichzeitigkeit spontan auftauchender Interaktionen und Inszenierungen sowie die Verbindung teils unbewusster innerer und äußerer Realitäten

---

8 In seinen »Briefe[n] über die ästhetische Erziehung des Menschen« (1795) bestimmt Friedrich Schiller im Ausgang des 18. Jahrhunderts den Menschen kulturanthropologisch als »homo ludens« und begreift das Wesen des Spiels als ästhetische Freiheit, als Gegenpol zu Entfremdung und Zwang. Nach Rüdiger Safranski (2004) hat Schiller damit den modernen Begriff des Spiels begründet, indem er das Spielen als kreativen persönlichen und gesellschaftlichen Befreiungsprozess erkannt hat.

der Gruppenmitglieder ermöglicht. Auch die Resonanzen in der Gruppe wurzeln im Körperlich-Sinnlichen. Individuelle, unter Umständen traumatische Interaktionserfahrungen und innere Konflikte werden in der Gruppe unmittelbar körperlich wiedererlebt und in Szene gesetzt – häufig begleitet von einem kathartischen Moment.[9]

Im Resonanzraum der Gruppe können unpassende Erlebens- und Verhaltensmuster wahrgenommen, spielerisch umgestaltet und integriert werden. Dabei sind Erleben und Ausdruck gleichzeitig und unmittelbar. Das Spiel der Gruppe kann die Imagination beflügeln und gemeinsame Phantasie- und Denkräume eröffnen, die den Blick auf sich selbst und die anderen erweitern.[10]

Auch die Möglichkeit, mit Humor zu spielen und zu lachen, erlaubt, Beängstigendes, Unerwünschtes oder Unangepasstes von der komischen Seite her zu betrachten und damit lustvoll zu denken, es zuzulassen, zu verändern und zu integrieren.

Wichtig ist, dass die Gruppenleitung um die unterschiedlichen und phasenabhängigen Ausdrucks- und Spielbedürfnisse der jeweiligen Altersstufen vom Säuglingsalter bis zum Erwach-

---

9 Bereits die Antike erkannte im Spiel eine immanente kathartische Dimension. In der griechischen Tragödie erfährt nach Aristoteles der Zuschauer im Durchleben von Gefühls- und Erregungszuständen eine »Reinigung« von bestimmten Affekten und damit eine Läuterung seiner Seele. Auch das psychodramatische Spiel nach Jacob Moreno setzt in der Reinszenierung biografischer Konfliktthemen auf dessen heilsam kathartische Wirkung.

10 Der Sozialwissenschaftler und Gruppenanalytiker Holger Brandes legt in seinem Buch »Selbstbildung in Kindergruppen – Die Konstruktion sozialer Beziehungen« (2008b) überzeugend dar, wie Kinder im freien szenischen Gruppenspiel soziale Beziehungen autonom entwickeln und welch essenzielle Bedeutung dies sowohl für die individuellen Selbstentwicklungsprozesse der Kinder als auch für die Selbstbildung und das Wir-Gefühl der Gruppe als Ganzes hat.

senenalter weiß und sich selbst darin wiederfinden kann. Die Wiederentdeckung und Erweiterung der eigenen Spielfähigkeit ermöglichen der Gruppenleitung, im gemeinsamen Spiel einen Entdeckungs- und Entwicklungsraum zu schaffen. Ziel ist, dass die Gruppenmitglieder in einen Spielfluss kommen und dabei jeder genügend Raum und Sicherheit für sich selbst und seine Inszenierungen findet. Die Gruppenleitung schützt den Einzelnen vor Verletzung und Ausgrenzung, insbesondere bei destruktiven Inszenierungen. Sie wertet nicht, beschämt nicht, sanktioniert nicht. Unbewusste Abwehr von bedrohlichen, ärgerlichen und destruktiven Spielinhalten seitens der Gruppenleitung sollte Gegenstand der Selbsterfahrung in der Weiterbildung sein.

2 Die Arbeit mit Eltern und Bezugspersonen in separaten Gruppen

Bei Kinder- und Jugendlichengruppen halten wir es für besonders wertvoll, wenn nicht nur die Kinder, sondern auch ihre Eltern und Bezugspersonen verbindlich an einem eigenen Gruppenprozess – parallel zu den Kindergruppen – teilnehmen. Für das Zustandekommen eines konstruktiven Gruppenprozesses müssen bereits vorab mit den Bezugspersonen die Rahmenbedingungen bezüglich Teilnahme, Frequenz, Vertraulichkeit, Bereitstellungshonorar etc. besprochen und vereinbart werden.

In der Gruppe sind die Bezugspersonen eingeladen, alles einzubringen, was sie aktuell beschäftigt – sie persönlich und die Kinder betreffend. Die Elternarbeit dient also nicht der Informationsweitergabe über die therapeutische oder pädagogische Arbeit mit den Kindern.

Je größer die Personengruppe und je länger die Abstände zwischen den Sitzungen, desto stärker strukturiert die Gruppenleitung das Geschehen.

Unsere Erfahrung in der Gruppenarbeit mit Kindern und Jugendlichen mit parallel stattfindenden Bezugspersonengruppen zeigt, dass zwischen dem Prozess der Kinder- und Jugendlichengruppe und dem der Bezugspersonengruppe eine intensive Wechselwirkung stattfindet, die nutzbar gemacht werden kann. Die Sorgen und Konflikte der Bezugspersonen mit ihren Kindern werden nicht allein als deren individuelle Schwierigkeiten gesehen, sondern repräsentieren Anliegen und Bedürfnisse aller Bezugspersonen und werden in der Gruppenkommunikation aufgegriffen.

Einige spezifische Widerstände gegen die Arbeit mit Bezugspersonen sind sozial-historisch zu verstehen. Die einseitige Fokussierung auf die Mutter und die Nichtbeachtung der Bedeutung des Vaters in der präödipalen Entwicklungsphase haben lange Zeit die fachliche Perspektive geprägt. So wurde in früheren Entwicklungstheorien der Einfluss von Familie und Gesellschaft auf intrapsychische Entwicklungsprozesse zu wenig berücksichtigt. Das Rollenverständnis der Eltern hat sich inzwischen grundlegend gewandelt und bereits Ausdruck in der aktuellen Rechtsprechung gefunden.

Wir erleben in Familien häufig ein Konkurrieren der Eltern um eine exklusive Rolle für die Entwicklung des Kindes und gleichzeitig Tendenzen, Schuld zuzuweisen und Verantwortung für das Fehlverhalten ihrer Kinder abzuwehren.

Durch den Prozess, den die Eltern in der parallelen Elterngruppe erfahren, erkennen sie, dass sie in der Verantwortung für den Entwicklungsprozess der Kinder bleiben und diese nicht an andere, auch nicht an die Gruppenleitung, delegieren können. Dabei können Rollenkonflikte bei den Eltern in der Gruppe deutlich werden und sich im Gruppenprozess affektiv aufladen, wodurch Reflexion, Einsicht und Veränderung ermöglicht werden. Eltern kommen oft mit abgewehrten Schuld- und Schamgefühlen in die Gruppe, die eine offene Kommunikation erschweren. Erst wenn genügend Vertrauen entstanden ist, gelingt es, diese belastenden Gefühle als eigene zu erleben und zu benennen. Dadurch werden die Kinder davon entlastet und können ihre Entwicklungschancen besser nutzen.

Es kommt darauf an, alle teilnehmenden Bezugspersonen für ihre bedeutsame, tragende Rolle am Entwicklungsprozess ihrer Kinder zu sensibilisieren und sich dabei auch ihrer persönlichen emotionalen Verwicklungen bewusst zu werden. Eltern und Bezugspersonen gilt es, hinsichtlich ihrer hohen Wirkmächtigkeit für diese Veränderungsprozesse zu bestärken. Die Vernetzung von Eltern untereinander kann entlasten. Der Austausch außerhalb kann den Gruppenprozess aber auch erschweren. Zielsetzung ist kompetente Elternschaft.

Weitere polarisierende Themen der Bezugspersonen sind häufig:

- Schuldgefühle – sinnvolle Sorge um das Kind,
- Externalisierung – Abstimmungsprozesse,
- Omnipotenz – Erziehungs- und Beziehungskompetenz,
- Magie – Realität,
- Privatsphäre – ängstliche Kontrolle,
- Freiheit der individuellen Familienmitglieder – Verantwortung für sich als Elternteil.

3 Paarleitung

Vorteile der Paarleitung

Die Komplexität und Vielfalt der Übertragungen innerhalb eines gruppenanalytischen Geschehens kann durch die gemeinsame Teilhabe eines sich gegenseitig ergänzenden Leitungspaars leichter erfasst werden. Dies nicht zuletzt, weil sie sich auch auf der Beziehungsebene des Leitungspaars abbilden. Die Präsenz einer weiteren Leitungsperson kann im Sinne einer partnerschaftlichen Triangulierung entlasten und vor der Gefahr unbewusster Verwicklungen und blinden Mitagierens schützen. Für die Kinder entsteht die Möglichkeit, ihre meist mit zwei Elternpersonen erlebten familialen Erfahrungen mithilfe des Leitungspaars zu reinszenieren. Dadurch entsteht für das Leitungspaar die Möglichkeit, diese im Hier und Jetzt der Gruppe zu erfassen und in der Gruppe so ins Spiel zu bringen, dass diese dort reflektiert und verstanden werden können.

Entwicklungsprozesse in gruppenanalytischen Gruppen erfordern die Eröffnung, das Offenhalten und den Schutz der dazu benötigten Räume: Möglichkeits- oder Übergangs- oder Spielräume. Vertrauen in diese Räume und ihre Grenzen wachsen zu lassen und ihre Sicherheit und Stabilität bei aller notwendigen Flexibilität zu garantieren, ist eine basale Aufgabe der Gruppenleitung. Ihre Wahrnehmung ist dabei auf die horizontalen und die vertikalen Beziehungsdimensionen eingestellt (also zwischen den Gruppenteilnehmern bzw. zwischen Leitung und Gruppenteilnehmern) wie auch auf die zeitlichen Dimensionen (jetzt – früher – künftig möglich). Situation und Verlauf, Dynamik und Prozess müssen beobachtet und wahrgenommen werden. In Kindergruppen verlaufen die Entwicklungen oft so schnell und sprunghaft, dass die Wahrnehmungskapazität der Gruppenleitung regelmäßig an ihre Grenzen kommt. Wenn dann der Gruppenleitung der Blick auf das Selbstorganisationspotenzial der Gruppe verloren zu gehen droht, kann sich ein Leitungspaar z. B. fragen: »Verstehst du, was hier los ist, ich nicht?!« Durch den Austausch ihrer Perspektiven kann eine Paarleitung bereits im kommunikativen Gruppenprozess und im Nachhinein versuchen, das Geschehen besser zu verstehen. Eine einzelne Gruppenleitung könnte eher Gefahr laufen, unbewusst im Sinne der Angstabwehr zu reagieren, indem sie zum Beispiel die Komplexität des Gruppengeschehens reduziert.

Leiten als Paar

Eine wesentliche Aufgabe des Leitungspaars ist, das, was in der Beziehung passiert, als Übertragungsprozesse zu verstehen, diese gut miteinander zu kommunizieren und nicht auszuagieren. Denn die von der Gruppe im Leitungspaar evozierte Beziehungsdynamik gibt uns wertvolle Hinweise auf unbewusste Gruppenprozesse. Es geht darum, sich auf eine spielerisch-reflektierende Weise auf diese einzulassen und damit zu arbeiten, statt in Rivalität, Konkurrenz, Ausgrenzung, Harmonie oder anderen möglichen Formen der Abwehr zu verharren. So kann das Leitungspaar durch Identifikationsangebote die Entwicklung der Gruppenmitglieder von kindlichen Abhängigkeiten und tradierten Beziehungsmustern hin zu mehr Autonomie fördern.

Die aktuelle Beziehungsgestalt des Leitungspaars – ob diesem bewusst oder nicht – bleibt der Gruppe nicht verborgen, unabhängig davon, was die Leitenden bewusst der Gruppe und vor der Gruppe kommunizieren. Es kann zu Beginn eines Gruppenprozesses sinnvoll sein, die Unterschiede und Uneinigkeiten bezüglich der Einschätzung notwendiger oder nicht notwendiger Interventionen nicht offen vor der Gruppe auszutragen; aber zu einem Zeitpunkt, zu dem die Gruppe genügend Kohäsion und Sicherheit entwickelt hat, kann eine solche Kommunikation für den Gruppenprozess durchaus hilfreich sein. Voraussetzung dafür, dass ein offen vor der Gruppe ausgetragener Konflikt des Leitungspaars konstruktives Potenzial freisetzen kann, sind Respekt und Akzeptanz des anderen und die auf Vertrauen basierende Wertschätzung seiner Kompetenz, auch und gerade wenn sein Erleben und Handeln zunächst unverständlich bleibt.

Supervision der Paarleitung

Für das Leitungspaar ist dabei unerlässlich, dass seine Reflexion über den konflikthaften Gruppenprozess auch innerhalb einer Gruppe geschieht, einer Inter- oder Supervisionsgruppe. Von Vorteil ist es – so unsere Erfahrungen –, wenn in dieser Gruppe Leitende sowohl von Erwachsenen- als auch von Kinder- und Jugendlichengruppen gemeinsam reflektieren. Die vielfältigen Mischungen und Verwobenheiten der horizontalen und vertikalen Übertragungs- und Gegenübertragungsbeziehungen in dem beobachteten Gruppenprozess können sich in einer solchen Inter- oder Supervisionsgruppe viel eindrucksvoller reinszenieren und dadurch besser erkannt werden.

Partnerschaftliche Zusammenarbeit

Bei der Entscheidung füreinander und auch im Lauf der Zusammenarbeit ist es hilfreich, sich besser verstehen zu lernen, indem man sich aus seiner Lebensgeschichte erzählt, denn unausweichlich wird man als Leitungspaar miteinander in Konflikte geraten.

Nicht nur die eigenen Schwächen, Verletzlichkeiten, traumatischen Erfahrungen sowie Stärken und Belastbarkeiten, sondern auch die des anderen allmählich kennenzulernen, hilft dabei, die Erwartungen an eine ideale Paarleitung zu relativieren und die Leitungskompetenz zu erweitern. So wird das Leitungspaar ermutigt, sich gemeinsam dem Prozess der Gruppe mit seinen unberechenbaren Übertragungs- und Gegenübertragungsdynamiken auszusetzen und dem Zusammenspiel in und mit der Gruppe immer wieder zu vertrauen. Auch für die Beziehungsdynamik des Leitungspaars kann Supervision in der Gruppe und Selbsterfahrung hilfreich sein.

Nachwort der ersten Ausgabe
von Gerhard Rudnitzki

Unsere Zusammenarbeit in der Entwicklung des Curriculums bestand in einem gruppalen Prozess der wiederholten gegenseitigen Annäherung von Kolleginnen und Kollegen, welche ihre Erfahrungen und Vorstellungen zur Arbeit mit Kindern und Jugendlichen im persönlichen und kollegialen Kontakt austauschen und vertiefen wollten. Wir wurden dabei von der Idee geleitet, dass die Gruppenkonfiguration des Arbeitssettings den sozialen Kontext der eigenen Beiträge widerspiegeln würde. Daraus wurde nicht Selbsterfahrung in der Arbeitsgruppe, sondern Gruppenerfahrung im Dienste der Erweiterung unseres professionellen Selbst.

Der damit verbundene Erkenntnisprozess führte zu einem gemeinsamen Verständnis und Erleben dessen, was Gruppenanalyse vermag, nämlich die kommunikative Erschließung der Ressourcen für Persönlichkeitsreifung und Selbstentwicklung.

Da der thematische Schwerpunkt der Arbeitskreismitglieder die Anwendung des gruppenanalytischen Prinzips (vom Symptom zur Kommunikation) für Kinder und Jugendliche war, spielten die persönlichen Erfahrungen aus unterschiedlichen Kontexten im Umgang mit Kindern und Jugendlichen und die wissenschaftlichen Erkenntnisse über Kindheit und Jugend bei der Ressourcenerschließung eine wesentliche Rolle.

Diesbezüglich nutzten wir die Möglichkeit, unseren eigenen Arbeitsgruppenprozess in der Dimension der dynamischen Regression und Progression auszuloten, indem wir Audioaufzeichnungen unserer Kommunikation diskutierten und reflektierten. Der dadurch entstandene Zugang zu unserer eigenen Spielfähigkeit erweiterte unseren Blick auf die jeweiligen Entwicklungsräume, in denen Kinder und Jugendliche zu erreichen sind.

Es wurde auf diese Weise deutlich, dass ein Lern- und Kompetenzbildungsprozess sich nicht darauf beschränken kann, bereits vorformulierte Erkenntnisse zu konsumieren. Deswegen enthält die von unserem Arbeitskreis entwickelte Konzeption gruppenanalytischer Kompetenzbildung in großem Umfang die in Gruppen supervidierte Kommunikation von Gruppenerfahrungen in pädagogischen und therapeutischen Settings mit verschiedenen Altersgruppen.

So wie wir beispielhaft diesen Prozess durchlebt haben, wird jede Weiterbildungsgruppe auf dem Hintergrund ihrer institutionellen, gesellschaftlichen und biografischen Gegebenheiten einen eigenen Prozess der Professionalisierung erleben und entwickeln.

Die Ressourcenerschließung gelingt über gemeinsame Erfahrungen. Diese werden angereichert über Kommunikation in der Gruppe und führen zu einer professionellen Selbstbildung. Die Transformation dieser gemeinsamen Erfahrungen bildet die Basis kinder- und jugendlichengruppenanalytischer Haltung und Kompetenz.

von Gerhard Rudnitzki

Literatur

Zitierte Literatur

Brandes, H. (2008a). Selbstbildungsprozesse von und in Kindergruppen. Gruppenpsychotherapie und Gruppendynamik, 44 (1), 33–51.

Brandes, H. (2008b). Selbstbildung in Kindergruppen. Die Konstruktion sozialer Beziehungen. München/Basel: Ernst Reinhardt.

Brandes, H., Schneider-Andrich, P. (2017). Die Bedeutung der Gleichaltrigen in Kindertageseinrichtungen – Ein soziologischer und entwicklungspsychologischer Blick auf Peerbeziehungen jüngerer Kinder. Frühe Kindheit, 2, 22–29.

Foulkes, S. H. (1971). Access to unconscious processes in the analytic group. Group Analysis, 4 (1), 4–14.

Foulkes, S. H. (1992). Gruppenanalytische Psychotherapie. München: Pfeiffer.

Hutz, P. (2008). Praxis der gruppenanalytischen Theorie und Fallarbeit im Seminar. Gruppenanalyse, 18, 82–85.

Moré, A. (2015). »Ausschließlich im Dienste der Individualität und freien Entwicklung des Menschen«. Demokratische Intentionen der Foulkes'schen Gruppenanalyse. In H.-P. Waldhoff, C. Morgenroth, A. Moré, M. Kopel (Hrsg.), Wo denken wir hin? Lebensthemen, Zivilisationsprozesse, demokratische Verantwortung (S. 173–196). Gießen: Psychosozial-Verlag.

Safranski, R. (2004). Schiller oder die Erfindung des deutschen Idealismus. München/Wien: Carl Hanser.

Weiterführende Literatur

Die folgende Auswahl beinhaltet historische, theoretische und kasuistische Literatur, die für die Verfasserinnen und Verfasser von Bedeutung war.

Behr, H., Hearst, L. (2009, engl. 2005). Menschen begegnen sich. Gruppenanalytische Psychotherapie. Eschborn: Dietmar Klotz.

Bianchi Ranci, V. (2007). Psicoterapia di gruppo in età evolutiva. Bollettino E-speira N. 3.

Bianchi Ranci, V. (2001/2005). The therapist, an adult seeking his place in the group. Journal of Group Psychology, 10, 426–428.

Dittrich, S. (2019). Fokussierende Gruppenselbsterfahrung – ein verzichtbarer Teil? In VAKJP (Hrsg.), Neue Wege in der Selbsterfahrung von Kinder- und Jugendlichenpsychotherapeut*innen – Konzepte, Austausch und Ausprobieren – Überregionale Tagung in Düsseldorf, 3.–5. Oktober 2019, Tagungsdokumentation (S. 30–41). Berlin: VAKJP.

Dornes, M. (2006). Die Seele des Kindes. Frankfurt a. M.: Fischer.

Franke, C., Köhncke, D., Siegler-Heinz, M., Stumptner, K. (2013). Was uns bewegt, unter die Haut geht, in den Ohren klingt, als Bild vor Augen und zwischen den Zeilen steht. Kommunikation und Symbolisierung: ein Gruppenexperiment. Gruppenanalyse, 23 (1), 4–32.

Freud, S. (1907/1976). Der Dichter und das Phantasieren. Gesammelte Werke, Bd. VII (S. 214–216). Frankfurt a. M.: Fischer.

Foulkes, S. H., Anthony, E. J. (1957/1984). Group-analytic psychotherapy with children and adolescents. In S. H. Foulkes, E. J. Anthony (Eds.), Group psychotherapy: The psycho-analytic approach (pp. 186–232). London: Maresfield.

Ginott, H. G. (1973). Gruppenpsychotherapie mit Kindern (5. Aufl.). Weinheim: Beltz.

Haar, R., Wenzel, H. (2019). Psychodynamische Gruppentherapie mit Kindern. Stuttgart: Kohlhammer.

Hechler, O. (2003). Vom Sitzkreis zum szenischen Spiel und zurück. Theorie und Praxis gruppenanalytischer Kinderpsychotherapie. Gruppenanalyse, 13 (2), 113–136.

Hofmann, E. (2009). Gruppenanalytische Kinderpsychotherapie – eine spielerisch-ernste Herausforderung. In R. Maschwitz, C. F. Müller, H.-P. Waldhoff (Hrsg.), Die Kunst der Mehrstimmigkeit. Gruppenanalyse als Modell der Zivilisierung von Konflikten (S. 197–218). Gießen: Psychosozial-Verlag.

Hofmann, E. (2010). Gruppenanalytische Arbeit mit Kindern: Eine Gruppe wird »geboren«. Stufen im Prozess zu einer ambulanten Kindergruppe. Gruppenanalyse, 20 (1), 53–81.

Hofmann E. (2019). Nach-Denken über eine gestaltende Kinder- und Jugendlichengruppe in einem Erstaufnahmezentrum für Asylsuchende. Gruppenanalyse, 29 (1), 7–20.

Köhncke, D. (1997). Die Gruppe als Möglichkeitsraum. Gruppenanalyse, 2, 103–127.

Lehle, H. G. (2018). Freiräume des Spiels – Psychoanalytische Gruppentherapie mit Kindern und Jugendlichen. Frankfurt a. M.: Brandes & Apsel.

Lehle, H. G. (2018a). »Egotraining in Action« – Das Spiel in der psychoanalytischen Kindergruppentherapie. In B. Traxl (Hrsg.), Psychodynamik im Spiel: Psychoanalytische Überlegungen und klinische Erfahrungen zur Bedeutung des Spiels (S. 133–158). Frankfurt a. M.: Brandes & Apsel.

Lehle, H. G. (2021). Plädoyer für eine Integration bewährter gruppenanalytischer Weiterbildungsstandards in die reformierte Aus- und Weiterbildung künftiger Psychotherapeutinnen und Psychotherapeuten am Beispiel der Arbeitsgemeinschaft Gruppenanalyse Stuttgart AGS e. V. Kinder- und Jugendlichen-Psychotherapie, 52 (191), 3.

Moll, M. (1997). Thesen zu gruppenanalytischer Arbeit mit Kindern. Arbeitshefte Gruppenanalyse, 2, 22–31.

Naumann, T. M. (2014). Gruppenanalytische Pädagogik. Gießen: Psychosozial-Verlag.

Pedrina, F. (2005). Mütter und Babys in psychischen Krisen. Frankfurt a. M.: Brandes & Apsel.

Pedrina, F. (2008). Therapeutisch geleitete Gruppe mit Müttern und Babys. Gruppenanalyse, 18 (1), 5–23.

Petersen, D., Thiel, E. (2001). Tonarten, Spielarten, Eigenarten. Göttingen: Vandenhoeck & Ruprecht.

Röpke, C. (2012). Die analytische Gruppenpsychotherapie für Kinder und Jugendliche. Wie kann sie unseren Patienten nützen? In A. Springer, B. Janta, K. Münch (Hrsg.), Nutzt Psychoanalyse?! (S. 159–168). Gießen: Psychosozial-Verlag.

Röpke, C. (2019). Neue Wege in der Selbsterfahrung für Kinder- und Jugendlichenpsychotherapeutinnen. In VAKJP (Hrsg.), Neue Wege in der Selbsterfahrung von Kinder- und Jugendlichenpsychotherapeut*innen – Konzepte, Austausch und Ausprobieren – Überregionale Tagung in Düsseldorf, 3.–5. Oktober 2019, Tagungsdokumentation (S. 42–46). Berlin: VAKJP.

Rudnitzki, G. (1996). Gruppenbilder der Adoleszenz – Erfahrungen mit Adoleszenz-Phänomenen aus der gruppenanalytischen Position. Praxis der Kinderpsychologie und Kinderpsychiatrie, 45 (10), 362–370.

Rudnitzki, G., Körtel, B., Tschuschke, V. (1998). Gruppenanalyse und Adoleszenz – Über die Wirkungen gruppenanalytischer Gruppenarbeit mit jungen Erwachsenen und deren Eltern in einem komplexen Setting. Gruppenanalyse, 8 (2), 149–163.

Salge, H. (2013). Analytische Psychotherapie zwischen 18 und 25. Besonderheiten in der Behandlung von Spätadoleszenten. Berlin/Heidelberg: Springer.

Sand, M. (1994). Angewandte gruppenanalytische Arbeit mit einer Kindergruppe 8–10-Jähriger. Gruppenanalyse, 4 (2), 79–91.

Schneider, T. (2021). Wurzeln der Kinder- und Jugendlichengruppenanalyse – Historische Entwicklung einer Profession und ihre Institutionalisierung in der GaKiJu. Gruppenanalyse, 1.

Schiffer, M. (1971). Die therapeutische Spielgruppe. Stuttgart: Hippokrates.

Schmelzle, M., Egli-Alge, M. (2002). Gruppentherapie und therapeutisches Milieu in einer kinder- und jugendpsychiatrischen Tagesklinik. Gruppenanalyse, 12 (2), 142–164.

Schrader, B. (2013). Neue Chancen in ausbildungsvorbereitenden Bildungsgängen. Schule NRW, 05/13, 214 ff.

Slavson, S. R. (1988). Technik der Gruppentherapie mit Kindern. In G. Biermann (Hrsg.), Handbuch der Kinderpsychotherapie (S. 316–326). Frankfurt a. M.: Fischer.

Slavson, S. R., Schiffer, M. (1976). Gruppenpsychotherapie mit Kindern. Ein Arbeitsbuch. Göttingen: Verlag für Medizinische Psychologie/Vandenhoeck & Ruprecht.

Sprondel, T. (2020). Grenzen in der sozialpädagogischen gruppenanalytischen Arbeit. Gruppenpsychotherapie und Gruppendynamik, 56 (2), 136–150.

Stern, D. (2011). Ausdrucksformen der Vitalität. Frankfurt a. M.: Brandes & Apsel.

Stumptner, K. (2015). Wir tragen unsere Wurzeln in uns. Ambulante Gruppenarbeit mit Jugendlichen und Eltern. Gruppenanalyse, 2, 149–169.

Stumptner, K. (2019). Ohne Verbindung keine Entwicklung. Gruppenanalyse mit Kindern, Jugendlichen und Bezugspersonen – Ein institutsübergreifender und transgenerationaler Entwicklungsprozess. In C. Seidler, K. Albert, K. Husemann, K. Stumptner (Hrsg.), Berliner Gruppenanalyse. Geschichte – Theorie – Praxis (S. 231–246). Gießen: Psychosozial-Verlag.

Volhard-Waechter, C. (2009). Gruppenanalytische Supervision in Pädagogischen Institutionen. Gruppenanalyse, 19 (1), 35–58.

Wenck, M., Wienberg, U. (2012). Kindergruppenanalyse. Eine intensive Form der psychoanalytischen Kindertherapie oder ein unmögliches Unterfangen? In A. Springer, B. Janta, K. Münch (Hrsg.), Nutzt Psychoanalyse?! (S. 169–182). Gießen: Psychosozial-Verlag.

Wienberg, U. (2021). Es ist – einfach – so!? Gedanken zur Gruppentherapie mit Kindern und Jugendlichen. In C. Rexroth, I. Rexroth (Hrsg.), Entwicklungsraum Zukunft. Psychodynamische Psychotherapie mit Kindern, Jugendlichen, Heranwachsenden und ihren Familien in Klinik und Praxis, Fort- und Weiterbildung, Forschung und Lehre (S. 195–206). Frankfurt a. M.: Brandes & Apsel.

Wienberg, U., Wenck, M. (2012). Zerstörung tut Not?! Das Zulassen von Destruktivität in der Kindergruppe ermöglicht unverzichtbare Entwicklungsräume. Nicht veröffentlichter Vortrag.

Wilhelm-Sprondel, A. (2011). Annäherungen an bedeutsame Gruppenthemen. Gruppenanalytisches Arbeiten mit einer Mädchengruppe in der Schule. Gruppenanalyse, 21 (2), 101 ff.

Winnicott, D. W. (1971). Vom Spiel zur Kreativität. Stuttgart: Klett-Cotta.

Yalom, I. (2007). Theorie und Praxis der Gruppenpsychotherapie. Ein Lehrbuch (9., völlig überarb. und erw. Aufl.). Stuttgart: Klett-Cotta.

Zajec, K. (2017). Gruppenpsychotherapie mit Kindern und Jugendlichen. Stationäre und teilstationäre Therapie in heterogenen Gruppen. Wien: facultas.

Die Autorinnen und Autoren

Erste Ausgabe

Adami-Himmel, Ilse	AGS, Stuttgart
Ballhausen-Scharf, Birgitt	BIG, Berlin
Hofmann, Elisabeth	SGAZ, Zürich
Herzog, Susan	IGA, Heidelberg
Khabirpour, Furi	IGA, Heidelberg
Mayerle, Robert	IGA, Heidelberg
Müller, Christoph F.	SGAZ, Zürich
Ohrnberger, Gerhild	IGA, Heidelberg
Rudnitzki, Gerhard	IGA, Heidelberg
Schneider, Thomas	WIPP, Würzburg
Stumptner, Katrin	IGA, Heidelberg; BIG, Berlin
Wenck, Matthias	GRAS; MAP, München; IGA, Heidelberg
Wienberg, Ursula	IGA, Heidelberg; MAP, München

Neuauflage

Birgitt Ballhausen-Scharf, Dr. med., Fachärztin für Psychosomatische Medizin und Psychotherapie, Gruppenlehranalytikerin, war einzel- und gruppenpsychotherapeutisch tätig in eigener Praxis. Sie ist Gründungsmitglied der AG GaKiJu.

Hans Georg Lehle, Dipl.-Päd., Analytischer Kinder- und Jugendlichenpsychotherapeut, Gruppenlehranalytiker, Supervisor, Dozent, ist in eigener Praxis niedergelassen in Ulm. Er ist Gründungsmitglied der AG GaKiJu und Co-Vorsitzender der Arbeitsgemeinschaft Gruppenanalyse Stuttgart, AGS e. V.

Christoph F. Müller, Dr. med., Facharzt für Kinder- und Jugendpsychiatrie und Psychotherapie, Psychotherapeut, Psychoanalytiker, Gruppenanalytiker, ist in eigener Praxis in Zürich tätig. Er ist Dozent und Supervisor in pädagogischen und therapeutischen Kontexten. Er ist Gründungsmitglied der AG GaKiJu.

Dietrich Winzer, Dipl.-Psych., ist als psychologischer Psychoanalytiker für Erwachsene, Kinder und Jugendliche in München niedergelassen. Er ist Dozent und Ambulanzleiter für Kinder und Jugendliche bei der Münchner Arbeitsgemeinschaft für Psychoanalyse. Er ist Gründungsmitglied der AG GaKiJu.